essentials

Essentials liefern aktuelles Wissen in konzentrierter Form. Die Essenz dessen, worauf es als „State-of-the-Art" in der gegenwärtigen Fachdiskussion oder in der Praxis ankommt. Essentials informieren schnell, unkompliziert und verständlich.

- als Einführung in ein aktuelles Thema aus Ihrem Fachgebiet
- als Einstieg in ein für Sie noch unbekanntes Themenfeld
- als Einblick, um zum Thema mitreden zu können.

Die Bücher in elektronischer und gedruckter Form bringen das Expertenwissen von Springer-Fachautoren kompakt zur Darstellung. Sie sind besonders für die Nutzung als eBook auf Tablet-PCs, eBook-Readern und Smartphones geeignet.

Essentials: Wissensbausteine aus den Wirtschafts, Sozial- und Geisteswissenschaften, aus Technik und Naturwissenschaften sowie aus Medizin, Psychologie und Gesundheitsberufen. Von renommierten Autoren aller Springer-Verlagsmarken.

Alfred Bellebaum

Acedia-Menschen

Todsünde Trägheit – Gefährdeter Lebenssinn

Springer VS

Alfred Bellebaum
Universität Koblenz-Landau
Koblenz
Deutschland

Die Original-Version dieses Buches wurde korrigiert.
Ein Erratum finden Sie unter DOI 10.1007/978-3-658-11396-4_10

ISSN 2197-6708   ISSN 2197-6716 (electronic)
essentials
ISBN 978-3-658-11395-7   ISBN 978-3-658-11396-4 (eBook)
DOI 10.1007/978-3-658-11396-4

Die Deutsche Nationalbibliothek verzeichnet diese Publikation in der Deutschen Nationalbibliografie; detaillierte bibliografische Daten sind im Internet über http://dnb.d-nb.de abrufbar.

Springer VS
© Springer Fachmedien Wiesbaden 2016

Gedruckt auf säurefreiem und chlorfrei gebleichtem Papier

Springer Fachmedien Wiesbaden ist Teil der Fachverlagsgruppe Springer Science+Business Media
(www.springer.com)

*Für Margret Bellebaum
1936–1999*

Inhaltsverzeichnis

Der Autor

o. Univ.-Prof. em. Dr. Alfred Bellebaum Soziologie, Universität Koblenz-Landau/Koblenz, sowie und Honorarprof. Philosophische Fakultät Universität Bonn. Studium Universität Köln und Promotion daselbst/R. König. Verlagstätigkeit Herder/Freiburg. Wiss. Assistent Universität Frankfurt/F.H. Tenbruck. Einsemestrige Lehrstuhlvertretungen Tübingen/F.H. Tenbruck und Köln/R. König. Mehrjährig Vorstand der Deutschen Gesellschaft für Soziologie. Gründung und Leitung des Gemeinnützigen Instituts für Glücksforschung e.V. (geschlossen 2006).

Veröffentlichungen u. a.: Soziologische Grundbegriffe (1972) 13. Aufl. 2001. – Langeweile, Überdruß und Lebenssinn..., Opladen 2000. – Schweigen und Verschweigen. Erscheinungsvielfalt und Bedeutungsreichtum einer Kommunikationsform, Opladen 1992. – Abschiede. Trennungen im Leben, Wien 1992. – (Mit) Herausgeber 14 Bände zur Glücksforschung: Hrsg. (mit D. Herbers); Die Sieben Todsünden..., Münster 2007. – (mit R. Hettlage): Glück hat viele Gesichter. Annäherungen an eine gekonnte Lebensführung, Wiesbaden 2010.- Hrsg. (mit R. Hettlage): Missvergnügen. Zur kulturellen Bedeutung von Betrübnis, Verdruss und schlechter Laune, Wiesbaden 2012.- Hrsg. (mit R. Hettlage): Unser Alltag ist voll von Gesellschaft. Sozialwissenschaftliche Beiträge, Wiesbaden 2014.- Hrsg. (mit R. Hettlage): Alltagsmoralen. Zur kulturellen Beeinflussung der Fünf Sinne, Wiesbaden 2015.

11a/App. 1301, 56179 Vallendar – Mail glueck.bellebaum@t-online.de, Homepage: bellebaumglueck.de

Einleitung 1

Wer sich absichtlich, d. h. mit Wissen und Willen zu etwas entscheidet, das dem göttlichen Gesetz und dem letzten Ziel des Menschen schwer widerspricht, begeht eine Todsünde. Diese zerstört in uns die göttliche Tugend der Liebe, ohne die es keine ewige Seligkeit geben kann. Falls sie nicht bereut wird, zieht sie den ewigen Tod nach sich.
(Kath. Katechismus, Ziffer 1876)

Wenn man nach den Sieben Todsünden (manchmal auch Hauptsünden genannt) fragt, dann wissen viele Ältere noch Bescheid, viele Jüngere haben nie etwas davon gehört – kein Wunder in einer stark säkularisierten Welt. Selbst vielen der informierten Menschen ist die so genannte Trägheitssünde unbekannt und erst recht deren lateinische Bezeichnung *Acedia*.

Das ist auch verständlich. Aldous Huxley spricht von einem subtilen und komplizierten Laster, und er kommt auf den (vereinfachten) Kern des facettenreichen – und deshalb auch viele Deutungen zulassenden – Phänomens mit dem lapidaren Hinweis: Die Natur verabscheut ein Vakuum, auch im Geist. Davon handelt der folgende Text.

Was mit Vakuum alles gemeint sein kann, belegen drei Zitate:

Acedia ist die beste Agentin des Bösen, eine virtuose Künstlerin der Verwandlung. Sie tritt auf unter verschiedenen Namen und wechselt ständig ihre Masken. Man nennt sie Trägheit, aber kann darin nichts Gefährliches entdecken. Sie heißt Melancholie und gerät, wenn nicht in die Nähe von Krankheiten, in den Umkreis des Genialischen. Als Überdruß ist sie bekannt … Unter den Titeln Faulheit, Langeweile, Schwermut, Geistesmüdigkeit, Schlaffheit, Bedeutungslosigkeit führt sie ein Dasein von fast kontemplativer Würde. Mit der Traurigkeit wird sie leicht verwechselt an der Antriebslosigkeit meint man sie zu erkennen …

© Springer Fachmedien Wiesbaden 2016
A. Bellebaum, *Acedia-Menschen,* essentials, DOI 10.1007/978-3-658-11396-4_1

Ausführlicher schreibt der früher sehr berühmte amerikanische Soziologe Merton
mit Kenntnissen der europäischen Geistesgeschichte:

> Dennoch ist das Syndrom des Rückzugsverhaltens jahrhundertelang mit dem Etikett
> accidie (oder, in wechselnder Weise, acedy, acedia und accidia) versehen und von der
> römisch-katholischen Kirche als eine Todsünde aufgefaßt worden. Als Faulheit und
> Betäubung, in welcher die ‚Quellen des Geistes vertrocknen‘, hat die acedia vom Mit-
> telalter an die Theologen interessiert. Zumindest seit der Zeit Langlands und Chau-
> cers hat sie die Aufmerksamkeit wissenschaftlich interessierter Männer und Frauen
> erregt, über Burton bis Aldous Huxley und Rebecca West. Unzählige Psychiater
> haben sich mit ihr in Form von Apathie, Melancholie oder ‚anhedonia‘ beschäftigt …

Eine Wertung von Acedia im Rahmen der sieben Todsünden stammt neuerdings
von Salman Rushdie:

> Trägheit – das kosmische Laster. Von den sieben Todsünden sieht die Trägheit am
> harmlosesten aus. Aber der Schein trügt, denn sie vereint alle übrigen in sich und
> zwingt uns dem bitteren Schicksal, wir selbst zu sein.

Der heutzutage weithin fremdartig anmutende und vieldeutige Begriff Acedia hat
eine ca. 2000-jährige, verzweigte, beeindruckende und folgenreiche Geschichte
im abendländischen Geistes- und Kulturleben. Das Wort ist gegenwärtig keineswegs völlig verschwunden. Im Katechismus der Katholischen Kirche wird Acedia
– leicht distanzierend in Klammern gesetzt – wie früher immer schon zusammen
mit (so die offizielle Bezeichnung) Trägheit übersetzt, wobei Überdruss der unmit-
telbar angrenzende Terminus ist. Auch in erstaunlich vielen neueren Abhandlungen
kommt – Mode spielt sicherlich eine Rolle – das Wort Acedia vor. Es wird freilich
nicht selten durch bedeutungsgleiche oder bedeutungsnahe Termini ergänzt.

Dazu zählt seit jeher vor allem Melancholie. In einer 1996 erschienenen philo-
sophischen Studie werden Acedia und Melancholie als Vorentwürfe der Moderne
bezeichnet. Der Autor behauptet einleitend, dass mit der „antiken Melancholie“
eine andere Moderne heraufgekommen sei als mit der „mittelalterlichen Acedia“.

Ohne irgendwelche Kenntnisse dieser Vergangenheit bleiben die aktuellen Be-
züge zur Trägheitssünde unverständlich.[1]

---

[1] Sünden (= Fehlverhalten): Todsünden/Kapitalsünden/Hauptsünden/Laster, – es gibt keinen
einheitlichen Sprachgebrauch. Vgl. zum Beispiel: Mit Bedacht habe ich die sieben Todsünden immer als Kapitalsünden bezeichnet und nicht etwa mit dem populären Namen der
sieben Todsünden. Zur Todsünde, d. h. zu einer Sünde, welche im Gegensatz zur ewigen
Seligkeit die ewige Verdammnis zur Folge hat, kann jede Art von Sünde werden, sei es durch
die Steigerung, welche sie erreicht sei es durch den Umstand, dass sie vor dem Tod nicht
gebüßt und erlassen ist (R.v. Liliencron: Die Insassen des Dante „sehen Sündenkreises", in:
Zeitschrift für vergleichende Literaturwissenschaft und Renaissanceliteratur, Berlin 1896:
33 f.). – Der Ausdruck Todsünden taucht angeblich erst nach 1270 auf (Hersant: Fußnote
6:59. Dazu auch Schulze(I): 30 ff.). Statt Sünde wird in vielen einschlägigen, insbesondere die Herkunftsgeschichte betreffenden, Abhandlungen meistens von Lastern (ahd.lastar =
Kränkung/Tadel, Makel/Fehler) gesprochen. Die „Achtlasterlehre" war lange Zeit ein gängi-
ger Terminus. In den 90er Jahren war das Thema Todsünden hochaktuell und es erschienen
zahlreiche Abhandlungen. Vgl. u. a. Bellebaum/Herbers, Hg., Die sieben Todsünden … Es
handelt sich um Superbia = Hochmut, Avaritia = Geiz, Luxuria = sexuelle Zügellosigkeit,
Gula = Unmäßigkeit im Essen und Trinken, Invidia = Neid, Ira = Zorn, Accidia = Trägheit
(SALIGIA). – Wertung, Rushdie. – Unbekannt, z. B.: Most (of these sins) are familiär to
modern headers, but one of them, acedia is not. The word had different meanings to different
writers (Altschule: 117). – Natur verabscheut, Huxley: 19. – Agentin, Werner: 193. – Soziologe, Merton, 242 (übersetzt Lepenies (II): 12. Rückzug/Retreatism ist einer der fünf Typen
individueller Anpassung im Kontext von kulturellen Zielen und Mitteln der Zielverwirkli-
chung. Die anderen Typen heißen: Conformity/ Innovation/Ritualism/Rebellion. – Vieldeu-
tig, u. a.: Begriffe, die über Jahrtausende hinweg tradiert, umgedeutet, aufgefüllt, abgeschlif-
fen wurden, lassen sich nur im Rückgang auf ihren Ursprung klären … muss die Verwirrung
bei einem historisch naiven Gebrauch der Begriffe heillos werden. Beachtenswert auch der
Hinweis, dass die üblicherweise negative Bewertung des Phänomens dem Phänomen nicht
gerecht werde. (Theunissen (I): 1, 27). – Vorentwürfe, a. a. O.: 1. Zur Tradition vgl. auch: „…
ist zu prüfen, in welchem Maße der Vorstellungsbereich der Langeweile Aspekte aufnimmt,
die der ganzen abendländischen Überlieferung angehören. Hierbei ist vor allem an das Verhältnis zur Acedia, zur Melancholie, zum Taedium vitae und zum Fastitium-Topos der lateinischen Literatursprache und nicht zuletzt zum französischen Ennui zu denken" (Völker
(I): 10. Für Drevermann heißt das einschlägige Kapitel sowieso einfach: Schwermut und
Melancholie (193 ff.). Er zitiert Accidia als Passivität und Antriebslosigkeit und begreift
Schwermut sowie Traurigkeit als die deutschen Worte und Depression als das entsprechende
lateinische Fremdwort (200).

Stellenwert der Trägheitssünde

In der Geschichte des Lasterschemas = Sieben Todsünden spielt unter dem großen Einfluss des Mönchs Evagrius Ponticus der Mönch Cassian (4. Jh.), stark vom ursprünglichen Mönchtum in den Wüsten Ägyptens angeregt, Wegbereiter der monastischen Spiritualität des Abendlandes, eine besondere Rolle. Er war beispielsweise Papst Gregor d. Gr. ebenso bekannt wie Benedikt und Thomas v. Aquin.

Cassian kannte acht Laster, Gregor (6. Jh.) hat später Tristitia = Traurigkeit und Acedia = Überdruss wegen vieler Übereinstimmungen zusammengefasst, und es kam auf diese Weise zu der bis auf den heutigen Tag bekannte Sieben-Lasterlehre.

Gregor hat noch etwas anderes getan. Cassians Reihenfolge der Laster entsprach der damals einflussreichen platonischen Lehre vom trichotomischen Aufbau der Seele, nämlich:

- vernünftiger Seelenteil (z. B. Hochmut/Stolz) – id est rationabile
- erzürnbarer Seelenteil (z. B. Wut/Traurigkeit) – id est irascibile
- begehrender Seelenteil (z. B. Esssucht/Hurerei/Habsucht) – id est concupiscibile

Dieser Reihung liegt die Annahme zugrunde, dass auf dem Weg zur Vollkommenheit zunächst die einen und danach die anderen Laster gebändigt werden müssen. Gregor kehrt die frühere Reihenfolge um, verweist Völlerei und Unkeuschheit an die letzte Stelle und platziert Inanis Gloria/Hochmut an die erste Stelle. Gregor betrachtet richtigerweise das überlieferte Acht-Lasterschema mit der großen Bedeutung von Völlerei und Sexualität als eine „Speziallehre für den monastischen

© Springer Fachmedien Wiesbaden 2016
A. Bellebaum, *Acedia-Menschen*, essentials, DOI 10.1007/978-3-658-11396-4_2

Aufstieg zur Vollkommenheit", wohingegen der auf lange Zeit hin einflussreiche Seelsorge-Papst an einer „allgemeinen christlichen Vollkommenheitslehre" interessiert war.[1]

---

[1] Eine zentrale Figur ist Evagrius Ponticus. Ausführlich: Äugst. Vgl. auch Louf; K. Rahner: Die geistliche Lehre des Evagrius Ponticus, in: Zs. für Askese und Mystik, 8/19.: 21 ff.; zum Daemonium meridianum im Werk von Evagrius neuerdings Daiber: 31 ff. – Sieben-Laster-lehre, zur Geschichte Bloomfield, Fink, speziell 1ff; Kuhn, Jehl (I): 261 ff. – Schulze (II): 114 ff. Interessant auch Hersant, dort speziell über das „Reich der Acedia": 54 ff. Aufbau der Seele, Jehl (I): 28 5 – Cassian schreibt (I): 1,4 20). Die einzelnen Hauptlaster sind übrigens ihrerseits eine Quelle für weitere Sünden, sogenannte Tochtersünden. Für Acedia sind das: Otiositas = Müßigang/Trägheit, Somnolentia = Schläfrigkeit, Importunitas = Schroffheit, Inquietudo = Unruhe, Pervagatio = Unrast/Herumschweifen, Instabilitas mentis et corporis = geistige und leibliche Unbeständigkeit, verbositas = Geschwätzigkeit und Curiositas = Neugier (erwähnt von Jehl (I): 292). – Asketische Praktiken, „Es gab auch solche, welche von den feuchten Zellen, vom übertriebenen Fasten, vom Widerwillen gegen die Einsamkeit, vom ununterbrochenen Lesen, indem sie Tag und Nacht ihren eigenen Ohren vorpredigen, melancholisch werden… Diesen wären die Rezepte eines Hippocrates nützlicher als meine Meinungen" (Hieronymus: Brief an Demetrius, in: Bibliothek der Kirchenväter, Zweite Reihe, Bd. XVI, II. Bd., München 1936: 232). Es gibt im Laufe der Zeit viele andere warnende Hinweise. – Es heißt, Louf: 682. Vgl. später Kommentar zu Thomas: Neuere Untersuchungen haben als Wirkungen übermäßigen Hungerns ergeben: Einengung des Denkens auf das Essen, Gleichgültigkeit gegen alles andere, Gedrücktsein, Freudlosigkeit, Unzufriedenheit, Gefühlsleere und Antireligiosität. Die Mönche früherer Jahrhunderte, die acedia sehr fürchteten und ihr zu entgehen suchten, hatten durch übermäßiges Fasten und andere körperliche Bußwerke zugleich auch die Tür geöffnet. Schon Hieroynmus bemerkt … (417). Über die Hintergründe und Ursachen „zahlreicher abstoßender Beispiele für die dauernde physische Selbstquälerei" ist breit diskutiert worden, z. B. Dodds.

3.1 Mönchskrankheit

Das Wort Acedia ist die latinisierte Form des griechischen Terminus akedia = also die Negation von kedos = Sorge. Er bedeutet Sorglosigkeit/Gleichgültigkeit/Erschöpfung. Im frühen christlichen Sprachgebrauch speziell des anachoretischen Mönchtums (Anachorese = Rückzug) heißt akedia: mangelndes Gottvertrauen einschließlich Vernachlässigung religiöser Pflichten und also träges Verhalten. Wegen der anfänglichen mönchsbezogenen Exklusivität dieser Art von Acedia war schon von früh an der Ausdruck **Mönchskrankheit** –auch Berufslaster der Mönche genannt – gang und gäbe.

3.2 Mittagsdämon

Für die Herkunfts- und Bedeutungsgeschichte von Acedia ist Psalm 119 (118) Vers 28 wichtig: „Meine Seele zerfließt vor Kummer./Richte mich auf durch dein Wort". In der Septuaginta, der griechischen Übersetzung des hebräischen Textes, steht statt Kummer das Wort Acedia. In der Vulgata, der lateinischen Übersetzung, lautet der erste Halbsatz: „Dormitavi anima mea prae taedio ..." Deshalb wird Acedia schon von früh an umschrieben mit taedium = Ekel/Überdruß, taedium cordis = Überdruss des Herzens, Anxietas et Taedium Cordis = Angst und Überdruss des Herzens. Cassian schreibt: „Den sechsten Kampf haben wir gegen jene Sünde zu begehen, welche die Griechen akedia nennen, was wir mit ‚Überdruß' oder ‚Angst des Herzens' übersetzen."

Wichtig ist sodann Psalm 91 (90), Vers 6: „... nicht vor der vor der Pest, die im Finstern schleicht/nicht die Seuche die wütet am Mittag". Die Mönchskrankheit ist also ein Phämonen des Mittags, weshalb Acedia als daemonium meridianum, als

© Springer Fachmedien Wiesbaden 2016
A. Bellebaum, *Acedia-Menschen*, essentials, DOI 10.1007/978-3-658-11396-4_3

Mittagsdämon, bezeichnet wird. Cassian notiert: Ja, einige Greise sagen, es sei der Teufel am Mittag, von dem im 91. Psalm die Rede ist. „Mittagsdämon" – das ist ein über die Jahrhunderte hinweg bis auf den heutigen Tag auch literarisch bedeutsames Thema. Die überwältigende Arbeit von Kuhn verdient besonders erwähnt zu werden.

Wieso eigentlich „Mittag"? Da sind zum einen die überzogenen, extrem physisch-psychisch belastenden, geradezu pathologisch erscheinenden, immer wieder kritisierten exzessiven asketischen Praktiken vieler Einsiedler- und Wandermönche. Der Hinweis auf Säulenheilige möge genügen. Da sind zum anderen die besonderen klimatischen Umstände, die sich negativ auswirken. Es heißt:

> Als der, Mittagsdämon' (Psalm 90,6) beginnt die Acedia sich erstmals bemerkbar zu machen zu jener Stunde, da das Fasten seine erste Wirkung tut oder da die Hitze des Tages… unerträglich wird… Die Einsamkeit drückt mit all ihrer Langeweile. Der Aufenthaltsort zeigt sich von seiner ungewöhnlichsten Seite. Die Arbeit wird als erschöpfende Fron empfunden, das Klima als ungesund und als Ursache aller Übel.

In eine ähnliche Situation können natürlich auch andere Menschen kommen, ohne sich mit einem Mittagsdämon herumschlagen zu müssen. Denn Ekel/Langeweile/ Mutlosigkeit/Widerwille/Überdruß/Trägheit/Geichgültigkeit zusammen mit Frustration und Aggression sind Ausdruck einer allgemeinen Erschlaffung und eine Sackgasse in physischer und psychischer Hinsicht. Das kann tendenziell jeden Menschen treffen.

3.3 Mittagsdämonen

Der Mittagsdämon hat viele Geschwister. Erwähnenswert sind mythologische Figuren wie Sirenen, Lotophagen, Zykaden und Nymphen. Es geht durchweg um Phänomene des südlichen Mittags mit der heißen Sonne, Alperscheinungen, Fieberträumen, Sonnenstichen… Von Bollnow gibt es einen Text „Der Mittag. Ein Beitrag zur Metaphysik der Jahreszeiten". Nietzsches berühmtes Mittagsgedicht in „Also sprach Zarathustra" kommentiert Bollnow folgendermaßen: Es sei die Stille, von der die Alten sagten, daß Pan schliefe, und auch Nietzsche macht von sich aus ausdrücklich auf das Panische dieser Erfahrung aufmerksam. Die ganze Natur schläft, ‚einen Ausdruck der Ewigkeit im Gesicht'.

Wieso Pan? In der griechischen Mythologie ist Pan der Schutzgott der Jäger und Hirten von bocksartiger Gestalt, Sohn des Hermes und einer Nymphe. Er kann, im Mittagsschlaf gestört, bei dem in der mittäglichen Hitze lagernden Vieh und seinen Hirten plötzlich auftauchen und sie in panischen Schrecken versetzen.

Nebenbei: Wenn früher ein Kölner beschloss, e Nönche ze halde, dann ging es ihm um den Mittagsschlaf, und Nönche hängt bedeutungsmäßig zusammen mit Non = der neunten Stunde. Am Niederrhein bedeutete nauren, nuren, noren = einnicken, einschlummern.[1]

---

[1] Mittagsdämon/Mönchskrankheit, reichhaltige Literatur vor allem in der mittelalterlichen Moraltheologie. Zum Begriff Acedia im antiken Griechenland und zum Weg ins christliche Schrifttum, s. Äugst: 143 ff. – Mönchskrankheit, zahlreiche Deutungen. Beispielsweise handelt es sich bei dieser Mönchskrankheit offensichtlich um eine besondere Form der Neurose oder Psychose, welche die Folge der Weltabgeschiedenheit ist und die nichts mit unseren endogenen Depressionen zu tun hat (Starobinski: 35). – Anders! Nevertheless, the majority of the traits that characterize… are found in walks of life quite different from the hermit's an exhibit a streng similarity to what today is called depression (Deseille: 298). Weitergreifend: In der Wüste kann der Mensch über die Bedingungen seiner Sterblichkeit hinauswachsen. Aber er kann auch von Dämonen und Halluzinationen überfallen, vom Wahnsinn ergriffen werden und zum wilden Tier hinabsinken. Der Eremit ist von existentieller Langeweile umstellt, von der Acedia, Hunger und Durst sind die Gefahren für seinen Körper, Irrsinn und Melancholie die Qualen seines Geistes (Sofsky: 21). – In diesem Zusammenhang eine sinnvolle Unterscheidung zwischen äußerer und innere Wüste: „Die innere Wüste, über die so viele Mystiker klagen ‚ist, genetisch gesehen, eine verinnerlichte. Zu ihr kam es schon, wenn die äußere Wüste, die ungewöhnliche Wohnstatt der frühchristlichen Heiligen, sich in deren Seele hinein fortsetzte" (Theunissen, (I): 37). – Mittagsdämon, neuerdings, Decher, Theunissen(I), Hersant. Daiber und Rau beispielsweise verquicken metaphorisch „Mittagsdämon" und „Lebensmitte", welche allzugleich auch als geistliche Aufgabe begriffen wird. Es geht um den Zenith der Sonne und die Midlife Crisis. – Kampf, Cassian: 1,201f.- Greise, Cassian: 1,102.- Es heißt, Louf: 682. – Außer Psalm 119 (118) gibt es noch andere Stellen im AT, in denen die relevanten Stichworte vorkommen. Gegenüberstellung griechisch und Vulgata: dum anxiaretur/cum anxius fuerit-anxietas est/ne acederis non acediaberis-maeroris/horrui. Vgl. dazu Äugst: 144. Mittagsdämon/Geschwister, Caillois, Paquot. – Mittagsgedichte, u. a. von Eichendorff, Mallarme, dAnnuncio und Nietzsche: „Sieh! Doch/still! der alte Mittag schläft, er bewegt den Mund/trinkt er nicht eben einen Tropfen Glücks, goldenen Weins?… Was geschah mir: Horch! Flog die Zeit wohl davon? Falle ich nicht? Fiel ich nicht/horch! in den Brunnen der Ewigkeit?… Wie? Ward die Welt nicht eben vollkommen? Rund und reif? des goldenen runden Reifs/wohin fliegt er wohl? Laufe ich ihm nach! Husch!" – Bollnow kommentiert: Es ist die Stille, von der die Alten sagten, dass Pan schliefe, und auch Nietzsche macht von sich aus ausdrücklich auf das Panische dieser Erfahrung aufmerksam. Die ganze Natur schläft, „einen Ausdruck der Ewigkeit im Gesicht" (158). Erörterungsbedürftig ist wohl die These, die Pansstunde sei der große Augenblick der Trägheit, übrigens auch der Wollust, die nach der Erfüllung in Trägheit übergehe… (Heckmann 124). – Nönche ff, Grau.

Ausweitung des sozialen Geltungsbereichs 4

Die Trägheit wird im Verlauf der weiteren Geschichte ganz im Sinne Gregors nicht mehr nur mit Mönchtum in Verbindung gebracht und nicht mehr auschließlich moraltheologisch als Sünde bewertet.

4.1 Laisierung

Für den einflussreichen Theologen Thomas von Aquin gibt es eine aus der Liebe quellende Freude über das göttliche Gut. Dieser Freude ist der Überdruss als Abkehr, Flucht und Rückzug von Gott entgegengesetzt/gaudio opponitur acedia. Solche – persönlich zu verantwortende! – haltungs- und handlungsmäßige Trägheit im Verhältnis zu Gott und seinen Geboten kann alle als Kinder Gottes begriffene Menschen befallen und deren ewige Verdammnis zur Folge haben. Verallgemeinernd und zugleich kurz und bündig gilt für Thomas:„Nach Johannes von Damaskus ist der Überdruß eine beschwerende Traurigkeit, die den Geist des Menschen so niederdrückt, daß er alle Lust verliert, irgendetwas zu unternehmen."

Dante siedelt in seiner „Göttlichen Komödie" die Accidiosi im 5. Höllenkreis an, im Schlamm des Unterweltflusses Styx. An dessen Oberfläche sind:„Die Seelen derer, die der Zorn bezwungen; tief unten und unsichtbar:anderes Volk noch unterm Wasser seufzet/Und diesem Sumpf die Blasen werden läßt."

4.2 Säkularisierung

In der weiteren Entwicklung tauchen manche Worte auf, die tendenziell den gleichen Begriffsinhalt haben und deren Kenntnis zum Verständnis des Themas unerlässlich ist.

© Springer Fachmedien Wiesbaden 2016
A. Bellebaum, *Acedia-Menschen*, essentials, DOI 10.1007/978-3-658-11396-4_4

Sloth Jeoffrey Chaucer (14. Jh.) begreift in dem zur Weltliteratur gehörenden Werk „The Canterbury Tales", die uns schon bekannten Zustände wie Niedergeschlagenheit/Mattigkeit/Nachlässigung hinsichtlich guter Werte u. a. m. als Sünden. Zunehmende Bedeutung gewinnt freilich das Wort Sloth = Trägheit = Langsamkeit (von slewpe/slauthe/slawness/sleuthe). In diesem Zusammenhang ändert sich allmählich der theologische Gehalt von Acedia. Es geht nicht nur um träges Verhalten im Verhältnis zu Gott, sondern auch um Trägheit als Vernachlässigung alltäglicher Pflichten sich selbst und anderen Menschen gegenüber.

Das Thema schlechthin ist natürlich Melancholie (= die schwarze Galle). Die sündige Acedia ist treffend als theologische Mutter der Melancholie bezeichnet worden. In einer der unübersehbar vielen Quellen wird auf die Mönchskrankheit angespielt, nämlich als den „Überdruß des mönchischen Daseins, den man als morbus melancholicus bzw. Acedia deutet". In dem großartigen Werk von Burton findet sich der Hinweis auf Mönchsmelancholie.

In zahllosen Schriften ist die heilsgeschichtlich bedeutsame Eigenschaft von Acedia/Melancholie ein zentrales Thema. Hildegard von Bingen schreibt:

> Im Augenblick, da sich Adam der göttlichen Offenbarung widersetzte, gerann in seinem Blut die Melancholie, genau so wie Helligkeit verschwindet, wenn das Licht auslöscht, während der noch warme Docht einen übelriechenden Rauch hinterläßt. So erging es Adam; denn während das Licht in ihm erlosch, gerann in seinem Blut die Melancholie, aus der in ihm die Traurigkeit und die Verzweiflung sich erhoben; in der Tat hauchte Adam der Teufel die Melancholie ein, die den Menschen lau und ungläubig macht.

Der Ausdruck Melancholieteufelchen war damals weit verbreitet.

Der entscheidende Umschwung kommt mit der Renaissance. Dabei spielt der Florentiner Humanist Marsilio Ficino (15. Jh.) im Anschluss an Petrarca eine große Rolle. Ficino begreift sich selbst als melancholisch, denkt dabei aber nicht mehr an Sünde, sondern an eine aus sich selbst heraus verstehbare Stimmung ohne metaphysischen Hintergrund – wobei außer körperlichen Befindlichkeiten auch astrologische Gegebenheiten genannt werden. Diese Stimmung wird einerseits positiv bewertet, nämlich als Auszeichnung außergewöhnlicher Menschen durch den Planeten Saturn – andererseits als leidvoll empfunden, weil sie die Handlungsmöglichkeiten begrenzt. Ficino schreibt:

> Ich weiß in diesen Zeiten sozusagen gar nicht, was ich will, vielleicht will ich gar nicht, was ich weiß, und will, was ich nicht weiß. Die Sicherheit wird mir durch die Bösartigkeit meines im ‚Löwen' rückwärtsschreitenden Saturn verwehrt.

Der Bezugspunkt für Ficino ist die antike Melancholie, und nicht mehr die erörterte mittelalterliche (Acedia-) Trägheitssünde.

Ennui Und nun zum dritten und damit letzten Grundbegriff im Kontext der Acedia-Taedium Vitae-Melancholie-Tradition. Einer der zahllosen Belege:In der Sprache der Ecrivains spirituels l'acedia est surtout ennui.

Das Wort ennui leitet sich vom lateinischen terminus in odio/odium esse = Haß/Widerwille/Ekel ab. Es geht in der Taedium Vitae-Tradition um den Lebensüberdruss. Zu dessen Überwindung wurde und wird Senecas Plädoyer über eine glückbezogene „Ausgeglichenheit der Seele" immer wieder bemüht. In einem anderen Text führt Seneca aus:

> Manche werden es überdrüssig, immer dasselbe zu tun... und es überkommt sie nicht Hass gegen das Leben, sondern Widerwille (... et vitae non odium, sed fastidium ...) Nichts Neues tue ich, nichts Neues sehe ich: und irgendwann einmal empfinde ich auch davor Ekel. Viele gibt es, die es nicht für bitter halten zu leben, sondern für sinnlos.

Fast 2000 Jahre später sollte sich Jean Paul Sarte mit seinem Werk „La Nausee" = Ekel zu Wort melden. Mit Sünde, Sündenbewusstsein, Höllenangst... hat diese Befindlichkeit nichts mehr zu tun.

Das gilt dann auch für den nach wie vor einflussreichen Philosophen Heidegger, der hier nur insoweit erwähnt wird, als ihm nach Ansicht von Fachleuten in Kenntnis der abendländischen Denktradition die Grundgedanken der Acedia verständlicherweise nicht fremd gewesen seien. Bemerkenswert der Hinweis auf eine „Transformation der Acedia" u. a. in der Welse, dass Heidegger „Gott weggestrichen und die Last der Welt zugeschoben" habe. Dazu passt dann der wichtige Begriff vom „Lastcharakter des Daseins" – wobei das je eigene Dasein deshalb als belastend empfunden werde, weil „auf ihm die Last des Seins selbst liege". Eindrucksvoll heißt es bei Heidegger:

> Die fahle Ungestimmtheit der Gleichgültigkeit vollends, die an nichts hängt und zu nichts drängt und sich dem überlässt, was jeder Tag bringt, und dabei in gewisser Weise doch alles mitnimmt, demonstriert am eindringlichsten die Macht des Vergessens in den alltäglichen Stimmungen des nächsten Besorgens. Das Dahinleben, das alles, sein läßt', wie es ist, gründet in einem vergessenden Sichüberlassen an die Geworfenheit. Es hat den ekstatischen Sinn einer uneigentlichen Gewesenheit.

Bleibt noch anzumerken: 1) Heideggers Überlegungen sind eingebettet in die „wohl ehrgeizigste Langeweiletheorie des 20Jahrunderts". Das Wort Acedia kommt bei

Heidegger nicht vor, es wird dennoch für sinnvoll gehalten, von einer „nicht-expliziten Abhängigkeit Heideggers von der Acedia-Tradition" zu sprechen.[1]

---

[1] Geltungsbereich, Schulze (I) 32. – Göttliches Gut, Thomas: 20 ff.Über Thomas aufschlußreich, wenngleich nur von Fachleuten zu würdigen, in: Theunissen (I), speziell „Melancholie und Acedia": 25 ff. Zu beachten: Thomas' Text „De acedia" fasst eine tausendjährige, noch hinter ihre literarische Dokumentation zurückreichende Überlieferung zusammen (25). – Verallgemeinernd, Thomas: 22. — Göttliche Komödie, Dante: I, 7: 16–18 und 121–123. Zahlreiche Deutungen. Erwähnenswert u. a. „Melancholie und Acedia stehen sich im Mittelalter nicht immer in klarer Trennung gegenüber. Die auffällige Ähnlichkeit ihrer Symptome sowie die Bildkraft der schwarzen Galle als Ursache seelischer Verstimmungen haben schon frühzeitig zu einer Annäherung und gegenseitigen Durchdringung der durch sie bezeichneten Vorstellungen geführt". Und das gilt dann auch für Dante: „Die Seelen im Schlamm des fünften Höllenkreises büßen die Sünde der mit der Melancholie zusammengeschauten Acedia" (Klostermann:190 f.). – Chaucer, Sloth, Auswirkungen außer Sloth sind: Wanhope/despair, Somnolency/somnolence, Negligence/negligence, Ydelnesse/idleness, Tarditas/tardiness, Lachesse/laziness, Manere coldness/dull coldness, Undevociouji/lack of devotion, Wordly sorve/wordly sorrow. – Informativ auch Fink: 72 ff.mit zahlreichen Hinweisen auf unterschiedliche Begriffsworte und Begriffsinhalte. – Theologische Mutter, Schings: 415. – Überdruss, Flashar: 91. – Mönchsmelancholie, Klibanski/Panowski/Saxl: 137 mit Fußnotenhinweis auf Cassian. – Melancholieteufel/Hildegard von Bingen, zit. Starobinski: 39, dessen Quelle P. Kaiser: Hildegardis Causae et Curae, Lipsiae, MCMIII. Vgl. dazu auch Hersant: 57. – Einschlägig gleichfalls Paracelsus: Die Fröligkeit von die Traurigkeit/ist geboren von Adam und Eua. Die Fröligkeit ist in Eua gelegen/vnn die Traurigkeit in Adam... So ein frölichs Mensch/als Eua gewesen ist/wirdt nimmermehr geboren. Desgleichen als traurig als Adam gewesen ist/wirdt weiter kein Menschen geboren... (zit. Benjamin: 126). — „Melancholische Teuffei", Lambrecht (I): 44 ff — Renaissance, Klostermann: 191. — Ficino/Stimmung, Über Ficino heißt es: Melancholie sei für ihn eine Stimmung, „die gleichsam in sich selbst und ohne einen metaphorischen Hintergrund verstanden und aus empirischen Ursachen" wie Körper und Gestirne erklärbar ist (Kristeller, 1972:197). Andernorts wird das schon von Petrarca behauptet: „... der Drohcharakter der Todsünde ist nahezu völlig abgebaut zugunsten einer ganz und gar säkularen Neufüllung, die eine bestimmte Form leidvollen Wirklichkeitserlebens meint und in der deutschen Übersetzung folgerichtig als Weltschmerz wiedergegeben wird" (Horstmann: 22). – Außergewöhnlich, „Warum erweisen sich alle außergewöhnlichen Menschen in Philosophie oder Politik oder Dichtung oder in den Künsten als Melancholiker...", in: (Pseudo-) Aristoteles: Problemata Physica, XXXI, übersetzt von H. Flashar, Ges. Werke Bd. 19:953 ff. – Saturn, s. vor allem Klibanski/Panofski/Saxl; Benjamin: 135. – Ich weiß nicht, zit. E. Panofski/E.Saxl: Dürers Melancolia I. Eine quellen- und typengeschichtliche Untersuchung, Leipzig/Berlin 1923:33. – Antike Melancholie, vgl.: „Im Augenblick, da die Alten eine beharrliche Angst und Traurigkeit feststellten, schien ihnen die Diagnose gesichert, und so mußte, wo die moderne Wissenschaft zwischen endogener und reaktiver Depression, Schizophrenie, Angstneurose und Paranoia unterscheidet, für alle dasselbe Wort herhalten" (Starobinski: 9). Melancholie allgemein,

u. a. Burton, Klibanski/Panofsk Saxl, Völker(I), (speziell 122 ff. = acedia und 128 ff. = Melancholie); Lambrecht(I); Lambrecht (II); Melancholie. Genie und Wahnsinn. – Literatur/ Lyrik, Kuhn, Völker (II) und (III); Horstmann. – Ennui/Ecrivain, Bardy, 166 f.—Anderer Text, Seneca, Epistulae…: 24, 26. – 2000 Jahre, Jean Paul Sartre: La Nausee: „Solange man lebt, passiert nichts. Die Szenerie wechselt, Leute kommen und gehen, das ist alles. Nie gibt es einen Beginn. Tag schließt sich an Tag, ohne Sinn und Verstand, eine unaufhörliche und langweilige Addition" zit. Starobinski, Anm. 42). – Heidegger, Hinweis/Gott/Lastcharakter, Theunissen (II): 39,29,28. – Heißt es, zit. Pocai: 38. – Abhängigkeit, Pocai: 105. Als Beleg führt Pocai aus: „Ein weiterer deutlicher Rekurs auf die acedia-Tradition findet sich im Kontext von Heideggers Zeittheorie der Stimmungen…" Die Auflistung von Stimmungen wie Überdruss, Traurigkeit, Schwermut und Verzweiflung sei „ein einziger Reflex des innersystematischen und historischen Zusammenhangss der acedia…" (41, Fußnote 17). – Ergänzend: Schon Cassian kennt bei den Mönchen in der Wüste ein Problem der Verbringung von Zeit, die empfindungsmäßig ggf. nur langsam verrinnt und still zu stehen scheint, was Unruhe und Langeweile provoziert. Der Zeit-Aspekt spielt in der gesamten komplexen Thematik eine große Rolle. Und das betrifft zugespitzt das „zeitbezogene Zwangsdenken" ausgeprägt melancholischer Menschen. Vgl. dazu Theunissen; (II): 218 ff.

Verlusterfahrungen – oder wie Trägheit/Apathie entsteht

5

Viele bisherige Ausführungen verweisen schon auf bis heute nachwirkende – allerdings nur noch selten moraltheologisch orientierten – Bedeutungen des Themas. Das ist auch nicht verwunderlich, wenn die Behauptung zutrifft:

> Alles Nachdenken über die Trägheit scheint doch ein Kreisen um das Wesen des Menschen zu sein. Die mittelalterliche Deutung der überlieferten sieben Todsünden ist mehr Anthropologie als Theologie – oder zumindest Theologie, die auch für Atheisten leicht verständlich, ja übernahmefähig zu sein scheint.

Eindringlich schreibt Aldous Huxley Anfang des 20. Jh., dass wir mit einem gewissen Stolz unsere eigene Accidie beanspruchen können. Es handle sich freilich nicht um Sünde oder Krankheit etwa nach Art der Hypochondrie, es sei vielmehr – vage bleibend – a State of mind which fate has forced us. Dieses Schicksal hat viel mit Tod zu tun. Prägnant formuliert: „Trägheit – oder wie der Tod sich ins Leben schleicht". Es gibt viele Schleichwege des physischen, psychischen und sozialen Todes.

Als Ausgangspunkt für die weiteren Überlegungen dient die Behauptung, dass **Verluste** die entscheidende Erfahrung der Acedia seien. Verlusterfahrungen können durch Rückzug bedingt sein. Nun ist Rückzug erneut ein facettenreiches Thema. Es gibt beispielsweise aktiven und passiven, freiwilligen und erzwungenen, akzeptierten und leidvoll empfundenen, dauerhaften und zeitlich begrenzten Rückzug.

5.1 Aktiver Rückzug: Hoffnungen und Enttäuschungen

Zur Erinnerung: „Dennoch ist das Syndrom des Rückzugsverhaltens jahrhundertelang mit dem Etikett accidie versehen worden". Damit ist ursprünglich die Mönchsacedia gemeint, die hier ein letztes Mal erwähnt zu werden verdient. Sie ist

© Springer Fachmedien Wiesbaden 2016
A. Bellebaum, *Acedia-Menschen,* essentials, DOI 10.1007/978-3-658-11396-4_5

Folge eines freiwilligen und religiös motivierten Rückzugs aus der üblichen Welt, um Gott nahe zu sein. Sicherlich, es ist eine Absonderung von der Welt, aber eben von jener Welt, die für den Eremiten nicht die eigentliche, sondern eine – gnostisches Gedankengut war sicherlich wirksam – sündhafte und als solche zu überwindende Welt darstellt. Es stimmt ja: „Man" erhält immer, wenn es um Transzendenz geht, das, was man nicht will: Immanenz. Der Effekt ist die Negativbesetzung von „Welt", die eben zur Flucht vor der Welt führen kann. Wunderschön ausgedrückt: damals „horizontal in die Wüste und vertikal auf die Säule" – ein im übertragenen Sinne auch sonst verwendbares Bild.

Rückzug als Weltablehnung/Weltverachtung/Weltangst/Weltflucht wird dann zu einem Problem, wenn religiöse Unlust sich einstellt. Das ist deshalb brandgefährlich, weil es ja gerade um jene andere Welt geht, um derentwillen die übliche Welt verlassen und ein strenges Leben in Kauf genommen wird. Trägheit/Überdruß/Mutlosigkeit/Antriebsschwäche sind somit verständlich. Die Dämonen sind stärker und die Immanenz obsiegt.

5.2 Passiver Rückzug: Ursachen und Folgen

In diesem Zusammenhang kann von Rückzug sinnvoll nur dann gesprochen werden, wenn es etwas gibt, von dem abzuweichen als leidvoll empfunden wird.

Apathie ist eine der vielen Ausdrucksformen des Trägheits-/Überdruss-/Taedium vitae-Melancholie-/Ennui-Syndroms mit seinen vielen Gesichtern. Beispielsweise:

1. Die lange Zeit glücklichen Götter auf dem Olymp leben später zur Zeit der „Ilias" und „Odyssee" – so erfahren wir aus der antiken Mythologie – gelangweilt, untereinander zerstritten dahin und leiden an einer variant of acediaboredom (= schwerwiegende Langeweile) genannten Krankheit. Das veranlasst sie, sich in die Menschenwelt einzumischen, wobei u. a. Pandora (die Allbeschenkte = mit allen Vorzügen ausgestattet) eine von Zeus wegen des Feuerdiebstahls inszenierte üble Rolle mit Fernwirkungen bis heute spielt. Nach der Öffnung der Büchse der Pandora, so berichtet Hesiod in Erga, ist es nämlich mit dem Goldenen Zeitalter vorbei: Das war zu Kronos' Zeit, als er noch König im Himmel./Und die (Menschen) lebten wie Götter und hatten nicht Kummer im Herzen.

2. Wohlhabende Müßiggänger im antiken Rom – so berichtet Seneca – reisen gelangweilt ziellos hin und her und finden dabei keine Befriedigung. „Wenn du einen von ihnen, sofern er sein Haus verläßt, fragst, ‚Wohin des Weges? Was

hast du vor?', dann wird er dir antworten: ‚Beim Herkules – das weiß ich nicht, aber irgendjemanden werde ich aufsuchen, irgendetwas unternehmen'".

3. Manche Adlige – so berichtet Pascal im 17. Jh. – wissen nichts mit sich anzufangen und versuchen verzweifelt, dem quälenden Ennui zu entkommen. Pascal meint: Divertissement tröstet uns zwar in unserem Elend, es ist aber doch zugleich die Spitze unseres Elends.

4. Viele wohlhabende, untätige russische Oblomows des 19. und beginnenden 20. Jhs. leben fern von der heraufziehenden neuen Zeit träge in einer von ihnen selbst als verkommen und sinnlos empfundenen langweiligen Welt. In Tschechows Stück „Die drei Schwestern" findet ein Interpret eine Situation vor, die (etwas weit hergeholt?) vom daemon meridianum beherrscht sei, der eine ganze Familie daran hindere, ihr Leben eigeninitiativ zu gestalten. Es ist, soziologisch ausgedrückt, Anomie.

5. Unfreiwillig arbeitslose Menschen – so ergab schon die berühmte Studie „Die Arbeitslosen von Marienthal" – sind gefährdet, orientierungslos, träge und verdrossen in den Tag hinein zu „leben" und mühsam überflüssige Zeit totzuschlagen. Das ist bekanntlich gerade jetzt bei uns ein hochaktuelles und politisch brisantes Thema, weil das erzwungene Nichtstun und Herumlungern vieler arbeitsloser junger Menschen u. a. um deren Lebenschancen und um die Zukunft des Landes bangen lässt.

6. Freizeit gilt, obenhin formuliert, als die von Arbeit freie Zeit. Sozialkulturell legitimierten Müßiggang sowie bewusst inszenierte und genussvoll erlebte Faulheit hier aussparend, ist Freizeit dann potentiell gefährlich, wenn sie von einer Art Heiligsprechung der Arbeit im Kontext des protestantisch-calvinistischen Arbeitsethos' her gesehen und dann tendenziell negativ bewertet wird. Das war bei uns früher sicherlich ausgeprägter als heute. Es gibt viele chancenlose Menschen voller Gefühle der Sinnlosigkeit, Trägheit, Trostlosigkeit, Leere, Öde – und, nicht zu übersehen, Gewaltbereitschaft. Generell spricht übrigens manches für die (sicherlich differenzierungsbedürftige) These: „Allzu glücklich scheinen die Menschen in der Freizeitgesellschaft nicht zu sein."

Zusammenfassend kann freilich von einem persönlich zu verantwortenden, schuldhaften und also sündhaften Verhalten im traditionellen Sinne des Wortes keine Rede sein. Desgleichen liegen keine behandlungsbedürftigen psychischen Erkrankungen vor. Merton hat eben recht: Es gibt für das Acedia-Syndrom sowohl soziale Ursachen als auch manifeste soziale und individuelle Folgen.[1]

---

[1] Behauptung, Engelbrecht: 107. – Huxley, 1928:25. – Wie der Tod, Kapitelüberschrift bei Werner. – Verluste, Werner:203. – Dennoch, Lyman: 242. – Es stimmt, Fuchs: 394,397. – Olymp, Hinweis bei Lyman, 15 f. Bezug Goetzel, F. R.: Root of Discont and Aggressionen: Ders., F. Hrsg., Boredom. Root of Disconten and Aggression, Berkeley 1975. – Seneca, Ausgeglichenheit der Seele, 12, 2–3. – Pascal, Pensees: 171. Vgl. Ders.: „Nichts ist dem Menschen unerträglicher als völlige Untätigkeit, als ohne Leidenschaften, ohne Geschäfte, ohne Zerstreuuungen, ohne Aufgabe zu sein. Dann spürt er sein Nichts, seine Verlassenheit, sein Ungenügen, seine Abhängigkeit, sein Ungemach, seine Leere. Allsogleich wird dem Grund seiner Seele die Langeweile entsteigen und die Düsternis, die Trauer, der Kummer, der Verdruß, die Verzweiflung" (131). – Gontscharow, Oblomow. – Daemon, erwähnt Lyman: 42. – Marienthal, als Folgen von Arbeitslosigkeit gibt es die Ungebrochenen (unbroken), Resignierten (resigned), Verzweifelten (distressed) und Apathischen (apathetic) – Arbeitsethos/ puritanische Vorstellungen, grundlegend Max Webers Werk „Die protestantische Ethik und der Geist des Kapitalismus". Einer der vielen Kommentare dazu: „Die Bürger sollen ein tätiges, d. h. nützliches Leben führen, die ‚Zeit auskaufen', keine Zeit vergeuden, die nützlich verbracht werden könnte" (zit. in Martens, W.: Die Botschaft der Tugend. Die Aufklärung im Spiegel der deutschen moralischen Wochenschriften, Stuttgart 1968:319 ff.). Es geht um eine moralische Abwertung von Faulheit. – Allzu glücklich, G. Schulze: Das Projekt des schönen Lebens. Zur soziologischen Diagnose der modernen Gesellschaft, in: A. Bellebaum/K. Barheier, Hrsg., Lebensqualität. Ein Konzept für Praxis und Forschung, Opladen 1994:36 ff.

Kontaktprobleme – oder: wie Trägheit/ Einsamkeit zustande kommt 6

Von Cassian wissen wir: dass Traurigkeit und Verdrossenheit vor allem die „Einsamen, in der Wüste Wohnenden, in keinem menschlichem Umgang Verstrickten, am häufigsten quälen". Der Hl. Hieronymus spricht vom Widerwillen mancher Anachoreten gegen die Einsamkeit. Acedia macht sich bei ihnen u. a. dadurch bemerkbar, dass die „Einsamkeit mit all ihrer Langeweile drückt". Der Aufklärer Zimmermann verweist auf „schreckliche Langeweile" und körperlichseelische Erkrankungen als Folge religiös bedingter mönchischer Einsamkeit. Pascal hält es für ganz und gar unmöglich, dass ein König allein und ohne Divertissement lebt, weil andernfalls der Ennui ihn in seiner Einsamkeit quälen würde. Die Arbeitslosen von Marienthal leben zwar nach wie vor unter Menschen, sie kommen sich aber von der Welt verlassen und also einsam vor und müssen überflüssige Zeit vertreiben. Und manche Menschen fühlen sich in der arbeitsfreien Zeit am Wochenende einsam und sind froh, wenn die leere Langeweile endlich vorbei ist.

„Einsamkeit" – nicht identisch mit Alleinsein – ist seinerseits ein komplexes und kulturgeschichtlich interessantes Thema. Das mhd. Wort „Einekeit" verweist auf Einheit und Eintracht. Für die Mystik beispielsweise bedeutet Einsamkeit die ersehnte Vereinigung der Seele mit Gott, wozu es erforderlich ist, sich von allem Irdischen zu lösen. Die Aufklärung lehnt, wie erwähnt, religiös bedingte Einsamkeit ab, schätzt aber die Zurückgezogenheit des Menschen auf geistige Tätigkeiten hoch ein. Im 20. Jahrhundert überwiegt eine negative Empfindung von Einsamkeit, die – so eine These – zu einem kulturkritischen Thema (geworden ist), jedenfalls wenn sie negativ als krankhafte Isolierung und Vereinzelung verstanden wird.

Und das wird für die moderne Gesellschaft seit langem immer wieder behauptet. Ein einflussreicher Diagnostiker der modernen Welt verweist auf die jeweils nur sektorale Einbindung des Menschen in eine Vielzahl von Gruppen und Institutionen, und er meint, dass sich kaum eine wirksamere Methode denken lasse, den Menschen zu vereinsamen, und dass die erheblich zugenommene Vereinzelung

© Springer Fachmedien Wiesbaden 2016
A. Bellebaum, *Acedia-Menschen*, essentials, DOI 10.1007/978-3-658-11396-4_6

des modernen Menschen seine Einsamkeit ausmache – aufweisbar u. a. an Weltschmerz, Trotz, Langeweile, Verzweiflung bis hin zu Sartres activisme du desespoir. Eine ältere, sehr prominent gewesene Studie heißt „The loneley crowd" – die einsame Masse. Es gibt die These von der „Von der Einsamkeit des Menschen in der modernen amerikanischen Gesellschaft" mit der zugespitzten Behauptung: „Von der Einsamkeit des modernen Menschen". Die Beschäftigung mit der Einsamkeit in der Postmoderne darf natürlich nicht fehlen. Vor allem in zeit- und kulturkritischer Sicht gilt Einsamkeit als ein weitverbreitetes und viele Menschen erheblich belastendes Phänomen. Kritik an solchen verallgemeinernden Aussagen gibt es zuhauf.

Konkreter sind zahlreiche psychologische/psychiatrische Untersuchungen. Ein aussagekräftiger Titel lautet: Risikofaktor Einsamkeit. Ein anderer Fachmann befasst sich in höchst komplizierter und umfassend empirisch ausgerichteter Weise mit Einsamkeit und darauf bezogener klinisch-psychologischer Diagnostik und Intervention. Erwähnenswert ist u. a. eine nach der Häufigkeit geordnete Auflistung von Gefühlen der Einsamkeit. Das sind u. a. die für das Trägheitsthema bedeutsamen Kategorien Traurigkeit, Antriebsarmut, Unruhe, Verzweiflung … (153). Eine detaillierte Analyse der genannten und andernorts erhobenen empirischen Befunde erbrächte sicherlich interessante Ergebnisse.[1]

---

[1] Cassian, 1:419. – Hieronymus; 22. – Einsamkeit/Langeweile, Louf: 682. – Zimmermann, II:122. – Einsamkeit/Alleinsein vgl. dazu beispielsweise: Gemeinsamkeit und Alleinsein-zwei Pole einer anthropologischen Dimension, in: E. Elbing: Einsamkeit. Psychologische Konzepte, Forschungsbefunde und Treatmentansätze, Göttingen 1991:1 ff. Wichtig auch Zimmermann. – Grundlegend auf seine Weise A. Beelmann: Heideggers hermeneutischer Lebensbegriff. Eine Analyse seiner Vorlesung: Die Grundbegriffe der Metaphysik. Welt-Endlichkeit-Einsamkeit, Würzburg 1994. – Kulturkritisches Thema, Schwab: 18. Teilweise auch Dreitzel. – Sektorale Einbindung/Methode, Freyer: 135 f. Aus Kapitel „Die Vereinzelung des Einzelnen", 133 ff. –Ältere Studie, Riesman. – Amerikanische Gesellschaft, D. Oberndörfer: Von der Einsamkeit des Menschen in der modernen amerikanischen Gesellschaft, Freiburg 1961, dort Kapitel „Die Einsamkeit des modernen Menschen", 51 ff. – Postmoderne, E. Mode: Die neue Einsamkeit der 51 ff. – Postmoderne, E. Mode: Die neue Einsamkeit der Postmoderne, München 1995. – Einsamkeit ist auch außerhalb der Wissenschaften ein wichtiges Thema, vgl. G. Dietrich: Der einsame Mensch in der Dichtung. Literaturpsychologie der Einsamkeit und der Einsamkeitsbewältigung, Regensburg 1989. Aussagekräftig, Eder. – Empirisch ausgerichtet, Schwab. Auflistung von Gefühlen, dort: 153.

7.1 Leere Zeit als Zeitbelastung

Eine der vielen Folgen von Unterforderung hat mit Gewalt zu tun. Wir erfahren es nahezu täglich aus Medien, die vor allem über mehrfach benachteiligte Menschen und deren widrige Lebensumstände berichten: Unterschicht, Bildungsdefizite, fehlende Schulabschlüsse, erheblich reduzierte Berufschancen… Sie hängen träge herum, sind ihrer selbst überdrüssig, langweilen sich zu Tode, vertrödeln Zeit, erleben Frustrationen und entwickeln Bereitschaft zur Gewalt, die sich irgendwann und immer mal wieder auch entlädt. Es sind sowohl rowdyhafte Anwendungen von Gewalt gegen Sachen als auch tätliche Angriffe gegen wehrlose Menschen. Die Umwelt erschrickt über solche – wie es ihr scheint – sinnlose Gewalt mit häufig grenzenloser Gefühllosigkeit.

Es geht um „nicht-instrumentelle" Gewalt. Irgendwelche Ziele und Zwecke, deretwegen Gewalt ausgeübt wird, sind auf den ersten Blick nicht erkennbar. Man spricht deswegen von grausamen, sinnlosen und gefühllosen Taten. Es sind keine Einzelfälle, denn es gibt Lebensbereiche, in denen Akte, 'sinnloser' erscheinender Gewalt ständig vorkommen. Wir kennen sie z. B. aus heruntergekommenen Großstadtvierteln mit Menschen, die erhebliche Probleme der Zeitverbringung haben, vor allem bandenmäßig organisierte Jugendliche, die pöbeln, randalieren, plündern, prügeln und im Extremfall – wie es scheint und oft vage bezeichnet wird – aus purer Langeweile töten.

Menschen sind auf Aktivitäten hin angelegt. Wenn sinnvolle bzw. als sinnvoll geltende Handlungsziele fehlen, leere Zeit als leidvoll empfunden wird und Lebensenergien brachliegen, dann ist Gewalt durchaus verständlich. Sie „hebt Langeweile nicht nur schlicht auf, sondern tut dies noch auf eine besonders gelungene und nachhaltige Weise, indem sie nämlich in hohem Maße den Lastcharakter des Handelns verringert und dessen lustvollen Aspekte betont".

© Springer Fachmedien Wiesbaden 2016
A. Bellebaum, *Acedia-Menschen,* essentials, DOI 10.1007/978-3-658-11396-4_7

Das alles ist nicht neu. Pascal begreift den Menschen mit drei Stichworten: inconstance, ennui und inquietude – Unbeständigkeit, Langeweile und Unruhe. Wer viel freie Zeit und nichts Wichtiges zu tun hat, für den gilt in adligen Kreisen: „Das Fechten und Sterben, das Anfachen von Krieg und Revolution ist die abenteuerlichste und gefährlichste Blüte, die der ennui hervortreiben kann".

7.2 Literarisch

Dostojewski und Camus. Gewalt ist ein literarisch ergiebiges Thema. Hier interessiert freilich nur jene Gewalt, die etwas mit dem Trägheits-/Überdruss-/Melancholie-/Ennui-Syndrom zu tun hat. Es geht insbesondere um torpor = Gleichgültigkeit/ Gefühllosigkeil – eine der zahlreichen Arten und Weisen, mit denen Acedia situationsspezifisch auftreten kann.

Ein Beispiel bietet Dostojewskis Werk „Die Beichte Stawrogins". Dieser ist ein von Langeweile zutiefst geplagter Aristokrat, der bekennt: „Vor allem hatte ich vor dem Leben einen tiefen Ekel… ich führte ein ausschweifendes Leben, das mir kein Vergnügen machte." Unter den aus Trägheit und Müßiggang entstehenden Handlungen fällt die Verführung des noch kindlich-jungen Mädchens Matrjoschka auf, die sich einige Zeit später erhängt. Vieles von dem, was Stawrogin tut, geschieht „ohne innere Erregung, ohne Aufruhr, nur aus Langeweile". Zu beachten ist, dass das russische Wort skuka mehr als das umgangssprachlich verwendete deutsche Wort Langeweile bedeute, weil es eine „gute Portion Melancholie und Weltverachtung" in sich berge. Letztlich seien es, wie es in einer Interpretation heißt, der russische Nihilismus und Atheismus, aus denen der Müßiggang und die gelangweilte Einstellung zur Welt erwachsen.

Die angebliche Gefühllosigkeit, aus der heraus Grausamkeit möglich ist, hat Camus in seinem Roman „Der Fremde" im Sinn. Hauptfigur ist ein in Algerien lebender kleiner Büroangestellter namens Meursault, der als acedic french clerk bezeichnet wird. Seine Lebensphilosophie lautet: Es ist mir gleich! Gleichgültig ist ihm auch der junge Araber, den zu erschießen er eigentlich keinen Grund hat. Und dennoch:

> Ich war ganz und gar angespannt, und meine Hand umkrallte den Revolver. Der Hahn löste sich, ich berührte den Kolben, und mit hartem betäubenden Krachen nahm alles seinen Anfang… Dann schoß ich noch viermal auf den leblosen Körper, in den die Kugeln eindrangen, ohne daß man es sah. Und es waren gleichsam vier kurze Schläge an das Tor des Unheils.

Es heißt, dass Meursault einen bestimmten Menschentyp repräsentiere: wer sich von der Welt der Gefühle entferne, der sei prepared to enter the world – as a destroyer. Schon Baudelaire habe von einem Zusammenhang zwischen Langeweile und Aggressivität gewußt, weil er annahm, dass „ihre Sinnlosigkeit zu völliger Verantwortungslosigkeit führen würde."

Ein drittes Beispiel gibt Tschechow (1840–1904) mit seinem Drama „Die drei Schwestern", die trostlos-ironsiche Geschichte von Andrej Prozorov, seinen Schwestern Olga, Masa und Irina sowie deren Gästen und Begleitern. Alle singen monologhaft das hohe Lied der Arbeit, weil sie meinen, durch Arbeit ihre tiefsitzende Langeweile überwinden zu können, jene fine purity in that play, with soul and acedia combining to produce a cultural, social, and moral destruction that is complete, unbearable, and terrifying. The deamon meridianus has taken over an entire family and like a disease, promises to infact an already decaying civilization and to visit both tedium and terror on generations to come (Lyman: 42). Es geht um einen auch andernorts und in anderen Kulturen beobachtbaren Verlust der Fähigkeit, leben zu wollen – eine extreme Form von Anomie.[1]

---

[1] Lebensbereiche/Lastcharakter/Klinkmann: 266 ff. – Hinweis von Lyman auf Dostojewski/ Aristokrat, Die Beichte Stawrogins, dt. München 1922: 29, 15). – Gute Portion Maurina, 1960: 192. – Acedic french clerk/Destroyer, Lyman: 40, 41. – Baudelaire, Zijderveld: 3 31. Wichtiger Begriff bei Baudelaire neben Ennui der Spleen=gr. Spien=Milz, angeblich Ort der Melancholie=der schwarzen Galle. Heutzutage in der Regel als exzentrisch verstanden. – Die Vorstellung von einem bestimmten Menschentyp unter Hinweis auf Gleichgültig/ Gleichgültigkeit lässt sich unschwer auf ganze Gesellschaften/politische Bewegungen übertragen. Lyman verweist auf imperialistische Staaten, von denen einige beispielsweise die ozeanischen Völker unterjocht und ihnen deren überlieferte kulturelle Basis entzogen hätten: „... the oceanic peoples died because they had lost the will to live" auch: „giving-up Syndrome" genannt „an aggravated variant of taedium vitae..." (Lyman: 38 f.) Die australischen Aborigines sind ein anderes Beispiel.

Trägheit/Überdruss – Banalisierung und Trivialisierung   **8**

Angesichts der vielen in der Literatur seit jeher benutzten Umschreibungen von Trägheit/Überdruss kann man den Eindruck gewinnen, als ob träges Verhalten bei uns alltäglich und umfassend wirksam wäre. Ein Autor meint: die „Trägheit ist so allgemein und allgegenwärtig wie keine der anderen Todsünden". Gemeint ist natürlich nur jene Trägheit, die üblicherweise mit Apathie/Überdruß/Wider-wille/ Lebensekel/Gleichgültigkeit/Traurigkeit/Antriebschwäche usw. usf. zusammen-gesehen wird. Andersartige gegenwartsbezogene begriffliche Verwendungen des Wortes Trägheit beispielsweise in Verbindung mit Wellness-Erlebnissen gehören nicht hierher.

8.1   Sündenfreie „Todsünden"

Es gibt bei uns viele Menschen, die trotz Säkularisierung nach wie vor an einen Gott gegenüber persönlich zu verantwortendes und beichtwürdiges Fehlverhalten glauben und sich entsprechend verhalten. Ob damit aber angstbesetzte Vorstellun-gen vom endgültigen Verlust des Gnadenstandes einhergehen, wenn die schweren Sünden nicht vorschriftsgemäß bereut und vergeben werden, erscheint eher zwei-felhaft. Selbst für die meisten überzeugten Christen dürfte der Ausdruck Todsün-den nur noch ein Schlagwort sein.

Einleitend wurden die mittelalterliche (= sündige) Acedia und die antike Me-lancholie als zwei Vorformen der Moderne genannt. Ein erheblicher Bedeutungs-rückgang des Kerngedankens der mittelalterlichen (= sündigen) Acedia zugunsten einer fortentwickelten (antiken) Melancholie ist offenkundig. Melancholie ist frei-lich ebenfalls ein mehrdeutiges Wort, mit dem u. a. psychiatrische Zustände be-zeichnet werden.

© Springer Fachmedien Wiesbaden 2016   27
A. Bellebaum, *Acedia-Menschen*, essentials, DOI 10.1007/978-3-658-11396-4_8

8.2 Todsünde und Acedia als Schlagworte

Interessant sind zunächst – dies ein Zwischenergebnis – die vielen Bücher, deren Titel den kulturgesättigten Terminus Todsünde zusammenbringen mit Marketing, Kleinbürger, Wiedervereinigung, Architektur, Medizinkartell, Katholische Kirche, Grappa, Architektur … Von Konrad Lorenz gibt es ein auch heute noch sehr beachtetes Buch: „Die acht Todsünden der zivilisierten Menschheit". Dies sind für den Autor: Überbevölkerung, Verwüstung des natürlichen Lebensraumes, Wettlauf in der Technologie, Schwund aller starken Gefühle und Affekte durch Verweichlichung, genetischer Verfall, Abreißen der Tradition, Zunahme der Indoktrinierbarkeit und Atomtodbedrohung. Das in solchen Büchern angeprangerte angeblich schwerwiegende Fehlverhalten ist sicherlich beachtenswert, es hat jedoch nichts mit dem im Abendland einflussreich und kulturträchtig gewesenen Verständnis von Todsünde zu tun.

Ähnlich verhält es sich mit dem Wort Acedia. Es bedenkt Trägheit, und Trägheit ist weitverbreitet. Es hat aber weder sämtliche Trägheit etwas mit Acedia zu tun, noch entspricht die inflationäre Verwendung des Wortes Acedia dem überlieferten religiösen/anthropologischen Gehalt.

Erstaunlich, was in vielen mehr oder weniger anspruchsvollen Schriften alles als mit den Worten Acedia/Trägheit/Überdruss bezeichnet wird, beispielsweise:

- Nachlässigkeit von Eltern bei der Erziehung ihrer Kinder
- Gefahr der Faulheit wegen „Müßiggang ist aller Laster Anfang"
- Gähnende Langeweile in der Schule
- Arbeitsunlust
- Reizloser Umgang der Ehepartner untereinander
- Lustlosigkeit bei der täglichen Erwerbsarbeit
- Nachlässigkeit im Umgang mit dem eigenen Körper
- Gleichgültigkeit gegen die Armut in der Dritten Welt
- Langeweile in der Freizeit, Desinteresse an kulturellen Angeboten
- Selbstzerstörung in der letzten Lebensphase.

Kulturverluste gibt es auch im Sprachgebrauch.[1]

---

[1] Trägheit allgemein, Engelbrecht: 101. – Jene Trägheit, Schulze (II) spricht von „freiwilliger Trägheit" und behauptet für die Gegenwart eine (begrenzte) „Aufwertung der Trägheit zu einer anerkannten Modalität des Glücks", wie es beispielsweise in „Wellness-Oasen" erlebt würde (68, 67). Das einschlägige Kapitel ist überschrieben: „Trägheit: das süße Nichtstun" (63). So wie Trägheit im Zusammenhang mit dem Acedia-/Melancholie-/Ennui-Syndrom seit jeher und bis auf den heutigen Tag verstanden wird, gibt es zwar u. a. einen Zusammenhang mit Nichtstun, aber dieses Nichtstun ist keineswegs „süß" – ganz im Gegenteil. Acedia bezeichnet Beiträge mit zahlreichen Beispielen u. a. Engelbrecht, Heckmann, Waugh, Werner, Lyman … Beachtenswert die These: „Die medizinische Wissenschaft hat uns eine gewaltige Bürde der Langlebigkeit aufgeladen. In diesem letzten, unerwünschten Lebensjahrzehnt, da die Leidenschaft erkaltet, der Appetit geschwächt, die Neugier abgestumpft ist und die Erfahrung den Zynismus gezeugt hat, liegt als letzte Versuchung zur Selbstzerstörung die accidia auf der Lauer" (Waugh: 119).

Innere Leere – Spurensuche in der modernen Gesellschaft 9

Wir wissen: Das als Todsünden bezeichnete Verhalten gibt es losgelöst von früheren religiös-metaphysischen Bezügen auch in der modernen Welt. Was speziell Trägheit/Überdruss betrifft, so ist das Thema mit der erwähnten Banalisierung und Trivialisierung ebenso wenig erschöpft wie mit den Hinweisen auf Apathie, Einsamkeit und Gewalt. Informationsreicher sind die umfangreichen Arbeiten der Autoren Kuhn, Lyman und Werner. Speziell Werner gelingt es meisterhaft, den kompliziert-spröden Stoff umfassend aufzubereiten, freilich – hier gar nicht kritisch gemeint – in essayistischer Weise, die dem Thema vielleicht sowieso eher gerecht werden kann. Wie dem auch sei, es folgen noch einige abschließende Bemerkungen der These, wonach das moderne Wort für Acedia die Melancholie sei.

9.1 Psychische Belastungen

In einem medizinischen Lexikon wird man vom Terminus Melancholie verwiesen auf das Stichwort Depression/endogene Depression und von da aus u. a. auf das Krankheitsbild Psychose mit ihrem vielfältigen Erscheinungsbild. Als Laie versucht man am besten gar nicht erst, die oft unspezifischen diagnostischen Feinheiten zu verstehen. Es genügt, die – sicherlich strittige – These zur Kenntnis zu nehmen: According to Cassian, feelings of anger, acedia, and depression were deadly sins; however today they are regarded as Psychiatric Symptoms.

Das ist interessant, es müssen daraus aber keine weitergehenden Schlüsse gezogen werden. Man tut beispielsweise Luthers weltgeschichtlicher Bedeutung keinen Abbruch, wenn ihm – zusammen mit seinen starken und ihn ängstigenden Zweifeln an seinem Gnadenstand – wiederholt eine „angeborene Bereitschaft zur Melancholie" zugeschrieben wird, und man sagt, daß er unter „so starken Depressionen" gelitten habe, dass er sogar „vor Angst und Schrecken in Ohnmacht fiel".

© Springer Fachmedien Wiesbaden 2016
A. Bellebaum, *Acedia-Menschen*, essentials, DOI 10.1007/978-3-658-11396-4_9

Religiös begründete Sünden-/Erlösungsängste kannten und kennen auch andere Menschen.

Dies wird hier nur deswegen erwähnt, weil manche (in der Regel kulturkritisch eingestellte) Diagnostiker der modernen Welt – oftmals so oben hin – auf einen weitverbreiteten Hang zu Stimmungsstörungen und Depressionen hinweisen. Bissig hat schon vor langer Zeit Walter Dirks angemerkt: Das Monopol auf Depressionen hätten die Krankenkassen-Patienten den vornehmen Leuten entrissen: Diese Zustände seien zu Wald- und Wiesenstörungen geworden. Damit soll das schreckliche Leiden der in schweren Depressionen wahrhaft eingekerkerter Menschen nicht geleugnet werden.

9.2 Langeweile

Zum Wortumfeld von Trägheit/Verdruss gehört nach Ansicht vieler Interpreten ganz wesentlich auch die Langeweile. In vielen Aussagen über Langeweile sind wichtige Elemente der Acedia wiederzuerkennen, und dementsprechend wird in einer Abhandlung Acedia/Melancholie/Ennui zur „Genealogie neuzeitlichen Langeweileforschung" gerechnet. Von dem Aufklärer Zimmermann stammt der Hinweis: Ekel des Herzens und Verdrossenheit zu allen Dingen nenne Cassian diesen trübseligen und leider in der Menschennatur nur allzu sehr gegründeten Zustand. Auf diese These bezieht sich ein präziser Kommentar, wonach die Acedia der Einsiedler deshalb in der modernen Langeweile ihr Pendant habe. Andernorts findet sich der Hinweis auf die als „Acedia bezeichnete Langeweile". Es geht natürlich nicht um die banale Langeweile beispielsweise beim Anhören eines langweiligen Vortrags über Langeweile, vielmehr um schwerwiegende = existentielle = den Lebenssinn betreffende Langeweile, über die sich u. a. schon Kierkegaard ausführlich und eindrucksvoll geäußert hat. Aus dieser Sicht liegt es vielleicht auch nahe, die so verstandene Langeweile als Conditio Humana anzusehen.

Der zutiefst gelangweilte Mensch muss keineswegs aktionslos, sondern er kann hochaktiv sein. Die Spezialisten für Todsünden wussten das, denn zu den sog. Tochtersünden beispielsweise der Acedia rechneten sie u. a. Inquietudo = Unruhe, Pervagatio = Herumschweifen, Instabilitas mentis et corporis = geistige und leibliche Unbeständigkeit. In dem Bemühen, „Stichwörter für das Auffinden von Acedia im heutigen Leben" nennt ein Autor u. a.: Ruhelosigkeit, Ziellosigkeit, Herumfahren, kurzlebiges Engagement…

9.3 Lebenssinn

In diesem Zusammenhang kommt man an der häufig erörterten Großvokabel „Sinn des Lebens" schlecht vorbei. Drei Hinweise:

Erstens: Bei den Mönchen war die Sache klar: wegen des hier gemeinten widrigen Trägheit verfehlten sie ihren hochgesteckten Lebenssinn, Gott so nahe wie möglich zu sein. Sie verloren doppelt: sie zogen sich von der üblichen Welt zurück „horizontal in die Wüste und vertikal auf die Säule" – und sie verfehlten jene andere Welt, die ihr eigentliches Ziel war.

Zweitens: In der modernen Gesellschaft gibt es unstreitig viele Sinndefizite. Überkommene Transzendenz-Religionen sind (zur Zeit jedenfalls) an ihre Grenzen gelangt. Auf dem Markt der Sinngebungen herrscht Hochkonjunktur. Schöne Erlebnisse vielfältigster Art gelten vielen Menschen als Garanten des Glücks, wiewohl im Trubel der Zerstreuungen allemal der Überdruss und die Langeweile lauern können. „Innere Leere" meldet sich tendenziell immer erneut.

Drittens: Zum Sprachumfeld von Acedia gehört auch Schwermut. Wer sie erlebt, der kann über einen Buchtitel wie „Vom Sinn der Schwermut" schon erstaunt sein. Guardini führt aus:

> … man könnte sagen: die metaphysische Leere. Hier ist der Punkt, wo sich die Schwermut mit der Langeweile verbindet, und zwar eine bestimmte Art von Langeweile, wie gewisse Naturen sie erleben. Sie bedeutet nicht, daß einer nichts Ernsthaftes tue, müßig gehe. Sie kann ein sehr beschäftigtes Leben durchziehen. Diese Langeweile bedeutet, daß etwas in den Dingen gesucht wird, leidenschaftlich und überall, was sie nicht haben. Die Dinge sind endlich. Alle Endlichkeit aber ist defekt. Und dieser Defekt ist Enttäuschung für das Herz, welches nach Unbedingtem verlangt.

In einer pluralistischen und von vielfältigen Verweltlichungen durchdrungenen Gesellschaft ist das aber nur eine Botschaft, die wohl nur wenige und entsprechend disponierte Menschen für ihre Lebensführung ernstnehmen werden und praktizieren können.[1]

---

[1] Melancholie/Depression, ein unendliches Thema in Medizin, Psychiatrie, Psychologie, Kulturgeschichte; medizinische Sicht, kurz und verständlich „Springers Lexikon Medizin", Berlin 2004, dort die zahlreichen Stichworte zu „Depression" und der Essay „Psychosen": 177 ff. – Feelings of anger, Altschule: 117. – Luther, Mock: 49, 67.(„Bitte für mich elenden Wurm, den der Geist der Traurigkeit plagt".) – Diagnostiker, neuerdings Ehrenberg. Er sieht die behauptete weite Verbreitung von (kein eindeutiger Terminus) Depressionen zusammen mit ausgeprägter Individualisierung und behauptet lapidar: „Das Erdbeben der Emanzipation hat zunächst kollektiv die Psyche jedes Menschen erschüttert… hat uns mehr und mehr zu Menschen ohne Führer gemacht", infolgedessen wir „für uns selbst entscheiden und unsere eigenen Orientierungen konstruieren müssen" (8). Das kostet seinen Preis. – Monopol,

Zitation Es sind nicht in allen Fällen wörtlich übernommene Passagen mit Anführungsstrichen versehen worden. 1) Sie sind entbehrlich bei Sätzen oder Satzteilen in fremder Sprache. 2) Sie sind entbehrlich, wenn Zitate engzeilig gesetzt werden und der Autor mit Seitenzahl genannt wird. 3) Sie sind entbehrlich, wenn aus dem Zusammenhang deutlich hervorgeht, daß es sich um ein Zitat handelt. Beispielsweise: Ein Fachmann führt dazu aus: Was für ein langweiliges Buch, denn… (Boesmann: 589). 4) Sie sind entbehrlich, wenn mit Quellenangabe der Konjunktiv benutzt wird. 5) Die Quellenangaben finden sich durchweg in den Fußnoten.

Dirks: 108. – Genealogie, Große: 18 ff. Vgl.: Die neuzeitliche Entdeckung der Langeweile als eines Sinnindikators menschlichen Seins und kulturellen Tuns wird Pascal zugeschrieben. Sie hat allerdings eine theologische Vorgeschichte… (a. a. O.: 22). – Zimmermann, zit. Schings: 167. -Kommentar, Schings: 238. -Andernorts, Endres: 168. – Conditio humana, Große: 22. – Kierkegaard notiert im Tagebuch: „Was wir in einer bestimmten Richtung mit dem Wort, Spleen' bezeichnen, was die Mystiker unter dem Namen, Die matten Augenblicke' kennen, das kennt das Mittelalter unter dem Namen Acedia (akedia Schlaffheit)". Kierkegaards Ausführungen über „Die Krankheit zum Tode" haben mit dem erwähnten Gemütszustand zu tun – was richtigerweise als „Melancholie, Schwermut oder, depression'- Niederdrücktheit" bezeichnet wird (Drewermann: 202). – Stichwörter, Illhardt: 316 f. – Schwermut, ein Menschheitsthema. Es gibt eine weit in die Geschichte hineinreichende Literatur über Schwermut. – Guardini: 27. Die Rede von einem angeblichen „Sinn der Schwermut" betrifft sicherlich nicht deren Ausprägungen. Depressionen. Diese wiederum werden inzwischen weithin entmythologisiert auf biologische Prozesse zurückgeführt und als organische Krankheit begriffen. Vgl. dazu neuerdings den Forschungsstand reflektierend Holsboer. Kurz und bündig und richtigerweise stellt er fest: „Eine Erkrankung der Neuzeit ist die Depression sicher nicht" (37).

Erratum zu: Acedia-Menschen. Todsünde Trägheit – Gefährdeter Lebenssinn.

Alfred Bellebaum

Im ursprünglichen Werk wurde der Hinweis zur Zitation verlagsseitig fälschlicherweise als eigenes Kapitel 8.3 gesetzt. Dieser Fehler wurde nun behoben.

Des Weiteren wurden zwei im Originalwerk fehlende Literaturangaben ergänzt:

Kasper, E., Kardinal: Papst Franziskus – Revolution der Zärtlichkeit und der Liebe. Theologische Wurzeln und pastorale Perspektiven, darin V: Barmherzigkeit. Irrungen und Wirrungen des Pontifikates, mit Hinweisen auf acedia/Trägheit, S. 37ff.
Papst Franziskus: Die Freude des Evangeliums. Das Apostolische Schreiben „Evangelii gaudium"..., darin „Nein zur egoistischen Trägheit", S. 121ff.

© Springer Fachmedien Wiesbaden 2016
A. Bellebaum, *Acedia-Menschen,* essentials, DOI 10.1007/978-3-658-11396-4_10

Was Sie aus diesem Essential mitnehmen können

- Acedia, griech. Wortursprung, zählt zu den Sieben Todsünden – neben Hochmut, Geiz, sexueller Zügellosigkeit, Neid und Völlerei. Die gängige Übersetzung lautet Trägheit.
- Unangesehen der überlieferten moralalthologischen Deutung im Sinne eines Verlustes der ewigen Seligkeit und des paradiesischen Glücks sind die gemeinten Verhaltensweisen nach wie vor hochaktuell. Durch Übertreibungen gefährden Menschen sich selbst und ihre sozialen Beziehungen. Hochmut kommt vor dem Fall.
- Acedia hat viele teilweise unterschiedliche Bedeutungen. So u. a. Melancholie, Ennui, Taedium Vitae, Misanthropie, Spleen, Angst und Überdruß des Herzens, Langeweile, Apathie, Depression. Der Hinweis auf ein Acedia-Syndrom ist sinnvoll.
- Der Mensch ist nach Ansicht von Aristoteles ein glücksuchendes Lebewesen. Diese Suche gelingt freilich nicht immer – trotz zahlreicher Appelle, positiv zu denken. Das wußte auf seine Weise schon Kohelet, für den auch Glück letztendlich nur Windhauch sei. Viele Erscheinungsformen von Acedia haben also viel mit Glück und Leid zu tun – die beiden Endpunkte eines Kontinuums, wo sich das pralle Leben abspielt.

© Springer Fachmedien Wiesbaden 2016
A. Bellebaum, *Acedia-Menschen*, essentials, DOI 10.1007/978-3-658-11396-4

Literatur

Accedia/Trägheit, in: H.-G. Falkenberg, Hrsg., Die sieben Todsünden. Vierzehn Essays, München

Altschule, M.D.: Acedia: Its Evolution from Deadly Seven Sins to Psychiatric Syndrome, in: British Journal of Psychiatry (1965), III. 117 ff.

Augst, R.: Acedia-Religiöse Gleichgültigkeit als Logismus und Denkform bei Evagrius Ponticus, Diss. Saarbrücken 1988, speziell: 3. Kap. Acedia als Kernproblem religiöser Gleichgültigkeit: 142 ff

Babb, L.: The Elisabethean Malady. A Study of Melancholy in English Literature from 1580 1642, EastLansing 1951

Bardy, G.: Accedia, in: Viller, M. (Hrsg.), Dictionaire de Spirutualité. Ascetik et Mystique, Tome I, Paris 1937. 166 ff

Baur, S.: Die Welt der Hypochonder. Über die älteste Krankheit der Menschen, dt. Stuttgart 1991

Bellebaum, A.: Langeweile, Überdruß und Lebenssinn. Eine geistesgeschichtliche und kultursoziologische Untersuchung, Opladen 1990

Bellebaum, A./Herbers, D., Hrsg., Die sieben Todsünden. Über Laster und Tugenden in der modernen Gesellschaft, Münster 2007:205 ff.

Benjamin, W.: Melancholie und Acedia, in: Ders., Ursprung des deutschen Trauerspiels, Taschenbuch Frankfurt 1955:119 ff.

Bollnow, O.F.: Der Mittag. Ein Beitrag zur Metaphysik der Jahreszeiten, in: Ders., Unruhe und Geborgenheit im Weltbild neuer Dichter, Stuttgart 1954:141 ff.

Bunge, G.: Akedia. Die geistliche Lehre des Evagrius Pontikos vom Überdruß, Köln 1983

Burton, R.:,Anatomie der Melancholie'. Über die Allgegenwart der Schwermut, ihre Ursachen und Symptome sowie die Kunst, es mit ihr auszuhalten, (1621) dt. Zürich/München 1981

Camus, A.: Der Fremde, übersetzt v. U. Aumüller, Reinbek 1994

Cantzen, C.: Traurig, trüb, trist. Die sündige Trägheit und ihre Chancen, SWR2 Wissen 20.4.2012

Cassian(us), J.: Von den Einrichtungen der Klöster Unterredungen mit den Vätern, dt. 2 Bde., Kempten 1877

Cassian, J.: Spannkraft der Seele, Aufstieg der Seele, Ruhe der Seele, 3 Bde., Auswahl, Übertragung und Einleitung G. und Th. Sartory, Freiburg 1981,1982,1984

© Springer Fachmedien Wiesbaden 2016

A. Bellebaum, *Acedia-Menschen*, essentials, DOI 10.1007/978-3-658-11396-4

Chaucer, G.: Sequitur of Accida, in: Ders., The Parson's Tales, in: Ders., The Canterbury Tales, in: Complete Work of Geoffrey Chaucer, Oxford 1920: 699 ff.

Caillois, R.: Les demons de midi, in: Revue de L'Histoire des Religions, CXV (1937), 142 ff. CXVI (1937), 35 ff., 143 ff.

Daiber, J.: Der Mittagsdämon. Zur literarischen Phänomenologie der Lebensmitte, Paderborn 2006

Dante: Die göttliche Komödie, italienisch-deutsch, Übersetzung von Zoosmann, Bd. I-III, Freiburg 2. Aufl. 1912

Decher, Fr.: Besuch vom Mittalsdämon. Philosophie der Langeweile, Lüneburg 2000

Derwall, F.: Der Mittagsdamon, Graz 1987

Deseille, P.: Acedia according to the monastic tradition, in: Cistercian Studies Quarterly 37.3. (2000): 297 ff.

Dirks, W: Traurigkeit und Trägheit, in: Walter, R., Hrsg., Literarische Fastenpredigten. Über die Laster in unserer Zeit, Freiburg/Heidelberg 1981:104 ff.

Dodds, E. R.: Die griechischen Schamanen und der Ursprung des Puritanismus, in: Ders., Die Griechen und das Irrationale, dt. Darmstadt 1970:72 ff.

Dodds, E.R.: Heiden und Christen im Zeitalter der Angst. Aspekte religiöser Erfahrung von Marc Aurel bis Konstantin, dt. Frankfurt 1985

Dostojewski, F.M.: Die Beichte Stawrogins, dt.München 1922

Dreitzel, H.P.: Einsamkeit als soziologisches Problem, Zürich 1970

Drevermann, E.: Schwermut und Melancholie, in: Ders., Ein Mensch braucht mehr als nur Moral. Über Tugenden und Laster, Düsseldorf 2001:193 ff.

Eder, A.: Risikofaktor Einsamkeit. Theorien und Materialien zu einem systemischen Gesundheitsbegriff, Wien-New York 1990

Ehrenberg, A.: Das erschöpfte Selbst. Depression und Gesellschaft in der Gegenwart, Frankfurt 2004

Endres, J.: Angst und Langeweile. Hilfen und Hindernisse im sittlich-religiösen Leben, Frankfurt 1983

Engelbrecht, S.: Die Trägheit, in: Hofmeister, K,/ Bauerochse, L., Hrsg., Geil und Geizig. Die Todsünden als Gebote der Stunde, Würzburg 2. Aufl. 1. 2004 D: 97 ff.

Fink, H: Acedia, in: Ders., Die sieben Todsünden in der mittelenglischen erbaulichen Literatur, Hamburg 1969:72 ff.

Grinell: G.C.: The Age of Hypochondria. Interpreting Romantic Health and Illness, (Palgrave Macmillan)

Flashar, J.: Melancholie und Melancholiker in den medizinischen Theorien der Antike, Berlin 1966

Freyer, H.: Theorie des gegenwärtigen Zeitalters. Stuttgart 1956 u. ö.

Fuchs, P.: Die Weltflucht der Mönche. Anmerkungen zur Funktion des monastisch-aszetischen Schweigens, in: Kölner Zeitschrift für Soziologie und Sozialpsychologie, 6/1986: 393 ff.

Gontscharow, I.A.: Oblomow, (1859) dt. München 2. Aufl. 1983

Grau, D.: Das Mittagsgespenst (daemonium meridianum), Untersuchungen über seine Herkunft, Verbreitung und seine Erforschung in der europäischen Volkskunde, Diss. Bonn 1966

Grosse, D.: Ennui und Entschlossenheit. Zur Genealogie der neuzeitlichen Langeweileforschung, in: Sinn und Form, 1/2006:18 ff.

Guardini, R.: Vom Sinn der Schwermut, Zürich 1948 u. ö.

Heckmann, H.: s. Accidia/Trägheit

Hersant, Y.: Acedia und ihre Kinder, in:Melancholie. Genie und Wahnsinn…: 54 ff.

Hofmeister, K./ Bauerochse, L., Hrsg., Geil und Geizig. Die Todsünden als Gebot der Stunde, Würzburg 2. Aufl.2004

Holsboer, Fl.: Biologie für die Seele. Mein Weg zur personalisierten Medizin, München 2009

Horstmann, U.: Der lange Schatten der Melancholie. Versuch über ein angeschwärztes Gefühl, Essen 1985

Huxley, A.: Accidie, in: Ders., On the Margin. Notes and Essays, London 1928: 18 ff.

Huxley, A.: Die Teufel von Loudun, dt. München 1952 u. ö.

Illhardt, F. J.: Trauer. Eine moraltheologische und und anthropologische Untersuchung, Düsseldorf 1982

Jackson, St. W.: Acedia the Sin and its Relationship to Sorrow and Melancholy in Medieval Times, in: Bulletin of History of Medicine, 55/1981: 181 ff.

Jahoda, M./ Lazarsfeld, P.F./ Zeisel, H.: Die Arbeitslosen von Marienthal, (1933) Frankfurt 1986

Jehl, R.: Die Geschichte des Lasterschemas und seiner Funktion. Von der Väterzeit bis zur karolingischen Erneuerung, in: Franziskanische Studien, H. 3/4 1982: 261 ff.

Jehl, R.: Melancholie und Acedia. Ein Beitrag zur Anthropologie und Ethik Bonaventuras, Paderborn 1984

Kalkühler, F.: Die Natur des Spleens bei den englischen Schriftstellern der ersten Hälfte des 18.Jahrunderts, Diss. München 1920

Kasper, E., Kardinal: Papst Franziskus – Revolution der Zärtlichkeit und der Liebe. Theologische Wurzeln und pastorale Perspektiven, darin V: Barmherzigkeit. Irrungen und Wirrungen des Pontifikates, mit Hinweisen auf acedia/Trägheit, S. 37ff.

Kathechismus der Katholischen Kirche, München u. a.1993

Kierkegaard, S.: Die Krankheit zum Tode. Eine christlich-psychologische Entwicklung zur Erbauung und Erweckung, Bremen 1949

Klibanski, R./ Panofsky, E./ Saxl, F.: Saturn und Melancholie. Studien zur Geschichte der Naturphilosophie und Medizin, der Religion und der Kunst, (1964) dt.1992

Klibansk, R./ Panofski, E./ Saxl, F.: Saturn and Melancholie. Studies in the History of Natural Philosophy, Religion and Art, London 1964

Klinkmann, N.. Gewalt und Langeweile, in: Kriminologisches Journal, 4/1982: 254 ff.

Korth, L.: Mittagsgespenster. Deutsche Studien und Wanderbilder von Leonard Korth, Hrsg. von Dr. Karl Hoeber, Köln 1915

Kristeller, P.O.: Die innere Erfahrung, in: Ders., Die Philosophie des Marsilio Ficino, (New York 1943) dt. Frankfurt 1972:189 ff.

Kuhn, R.: The Daemon of Noontide.Ennui in Western Literature, New York 1976

Lambrecht, R. (I): Melancholie. Vom Leiden an der Welt und den Schmerzen der Reflexion, Reinbek 1994

Lambrecht, R. (II): Der Geist der Melancholie. Eine Herausforderung philosophischer Reflexion, Reinbek 1995

Lepenies, W. (I): Melancholie ist ein aktuelles gesellschaftliches Problem, Radio Feuilleton: Kulturinterview, Deutschland Radio 16.2.06

Lepenies, W. (II).Melancholie und Gesellschaft, Frankfurt 2. Aufl.1982

Lindner, E.: Nach Acedia, (Lyrik), niederländisch/deutsch, berlin 2013.

Louf, A.: Die Acedia bei Evagrius Ponticus, in: Concilium, 10/1974: 82f f.

Lyman, St. M.: Sloth, in. Ders., The seven deadly sins: society and evil, New York 1978, Revised New York 1989: 5 ff.(Daraus Beispiele und Hinweise verarbeitet.)

Maurina, Z.: Langeweile und dergehetzte Mensch, Memmingen 1962

Maurina, Z.: Dostojewski. Menschengestalt und Gottessucher, dt. München 1960

Medina, J.: Trägheit, in: Ders., Am Tor zur Hölle. Die Biologie der sieben Todsünden, (Cambridge 2000 u. d. T: The Genetic Inferno. Inside the Seven Deadly Sins) dt. Heidelberg 2002: 179 ff.

Melancholie. Genie und Wahnsinn in der Kunst, Galeries nationales du Grand Palais, Paris 2005/2006; Neue Nationalgalerie, Berlin 2006

Merton, R.K.: Retreatism, in: Ders. Social Theory and Social Structure, New York 1968:207 ff.

Mock, A.: Luthers Krankheit, in: Ders., Abschied von Luther. Psychologische und theologische Reflexionen zum Lutherjähr, Köln 1958:32 ff.

Nault, J-Ch.: L'acedié entre morale et spiritualité, in: Lettre de Ligue, 299,1/2002: 14 ff.

Navone, J.: Spiritual acedia, torpor and depression, in: Homiletic&Pastoral Review, Aug./ Sept. 1999: Iff.

Papst Franziskus: Die Freude des Evangeliums. Das Apostolische Schreiben „Evangelii gaudium"..., darin „Nein zur egoistischen Trägheit", S. 121ff.

Pieper, J.: Über die Hoffnung, München 4. Aufl.1948

Piovano, A.: L'accidia, male de nostro tempo. I und II, in: La Rivista Del Clero Italiano, Anno LXX-XII, Sept. 2001: 592 ff. und Okt.2001: 677 ff.

Pocai, R.: Heideggers Theorie der Befindlichkeit. Sein Denken zwischen 1927 und 1933. (Verweise aus dem Sachregister auf: Überdruß und acedia)

Post, W.: Acedia – Das Laster der Trägheit, Freiburg 2011.

Rau, St.: Der Mittagsdämon – einer, den ich gut kenne, in: Magnificat. Das Stundenbuch, Mai 2006, Köln, Verlag Butzon & Bercker

Revers, W.J.: Die Psychologie der Langeweile, Meisenheim 1949

Riesmann, D. et. al.: Die einsame Masse. Eine Untersuchung der Wandlungen des amerikanischen Charakters, dt. Hamburg 1958

Rushdie, S.: Die siebte Todsünde. Trägheit – das kosmische Laster, in: http://www.fronline.de (30.1.2010)

Schings, H.-J.: Melancholie und Aufklärung. Melancholiker und ihre Kritiker in Erfahrungsseelenkunde und Literatur des des 18. Jahhunderts, Stuttgart 1974

Schreiner, J.: Jenseits vom Glück. Suicid, Melancholie und Hypochondrie in deutschsprachigen Texten des späten 18. Jahrunderts, München 2003

Schulze, G. (I): Hedonismus. Zur sündigen Modernität des Westens, Zürich 2005

Schulze, G, (II): Trägheit. Das süße Nichtstun, in: Ders., Die Sünde. Das schöne Leben und seine Feinde, München/Wien 2006: 63 ff.

Schwab, R.: Einsamkeit. Grundlagen für die klinisch-psychologische Diagnostik und Intervention, Bern 1997

Seneca. De tranquillitate animi/ Über die Ausgeglichenheit der Seele, dt./ lat. Stuttgart 1984

Seneca: Epistulae Morales ad Lucilium/ Briefe an Lucilius über Ethik, Liber I, II, III, Stuttgart 1985,zit. Liber III, Brief 24:26

Sofsky, R.: Heilige Askese. Die religiöse Erfahrung der Wüste, in: Neue Rundschau,2005/4: 21f f.

Starobinski, J.: Geschichte der Melancholiebehandlung von den Anfängen bis 1900, Documenta Geigy, Acta psychosomatica, Nr.4, Basel 1960.

Starobinski, J.: Die Todsünde Trägheit',in: Starobinki: Geschichte…: 34 ff.

Stenzel, K.: Pascals Theorie des Divertissement, Diss. München 1965

Theunissen, M. (I): Vorentwürfe von Moderne. Antike Melancholie und Acedia des Mittelalters, Berlin 1996

Theunissen, M. (II): Melancholisches Leiden unter der Herrschaft der Zeit, in: Drs., Negative Theologie der Zeit, Frankfurt 1991:218 ff.

Thomas v. Aquin: Der Überdruß, in: Summa Theologica, II-II35. Frage, Bd.17B, Heidelberg usw. 1966:20 ff.

Troster, Chr.: Trübsal, geliebter Dämon (Bericht über die Berliner Ausstellung „Melancholie, Genie und Wahnsinn in der Kunst" v.17.2. bis 7.5.2006),in: WamS 12.2.2006)

Völker, L. (I): Langeweile-Untersuchungen zur Vorgeschichte eines literarischen Motivs, München 1975

Völker, L. (II):Muse Melancholie-Therapeuticum Poesie. Studien zum Melancholie-Problem in der deutschen Lyrik von Hölty bis Benn, München 1978

Volker, L.(III): Komm 'Heilige Melancholie. Eine Anthologie deutscher Melancholiegedichte. Mit Ausblick auf die europäische Melancholietradition in Literatur und Kunstgeschichte, Stuttgart 1983

Waugh, E.: s. Accidia/Trägheit

Wenzel, S.: The Sin of Sloth: Acedia in Medieval Thought and Literature, Chapell Hill (1960)1967

Werner, J.: Die Trägheit oder wie der Tod sich ins Leben schleicht fin: Ders., Die Sieben Todsünden. Einblicke in die Abgründe menschlicher Leidenschaften, Stuttgart 1999: 193 ff.

Wiegand, A,: Die Schönheit und das Böse, München/Salzburg 1967

Zijderveld, A.C.: Modernität und Langeweile, in: Schatz, O., Hrsg, Was wird aus dem Menschen?, Graz 1975: 321 ff

Zimmermann, J.G.: Über die Einsamkeit, 4 Teile, Leipzig 1884 und 1885

Grundlegend für diesen Beitrag: A. Bellebaum: Langeweile, Überdruß und Lebenssinn Eine geistesgeschichtliche und kultursoziologische Untersuchung, Opladen 200, speziell: Sündige Acedia und Variationen über Acedia, 15 ff. und 39 ff. Überarbeitung: A. Bellebaum: Trägheit – Gefährdeter Lebenssinn, in: Ders./D Herbers, Hrsg.: Die sieben Todsünden. Über Laster und Tugenden in der modernen Gesellschaft, Münster 2007: 205 ff., sowie: Ders., Acedia. Todsünde Trägheit – Gefährdeter Lebenssinn, in: Ders./R. Hettlage, Hrsg., Missvergnügen. Zur kulturellen Bedeutung von Betrübnis, Verdruß und guter Laune, Wiesbaden 2012: 35 ff